NOTICE HISTORIQUE

SUR

BELMONT

(AVEYRON.)

NOTICE HISTORIQUE

SUR

BELMONT

(AVEYRON)

PAR

X. MOULS

Curé d'Arcachon, chevalier de la Légion d'Honneur,
membre de plusieurs sociétés savantes.

Vente au profit de l'Église de Belmont.

BORDEAUX

IMPRIMERIE GÉNÉRALE DE Mme CRUGY,
rue et hôtel Saint-Siméon, 16.

1861

1862

A Sa Grandeur Monseigneur Delalle, *Évêque de Rodez.*

Monseigneur,

J'avais l'honneur de connaître par ses écrits le savant auteur des Traités de l'*Immortalité de l'âme* et de l'*Existence de Dieu*, du *Cours de philosophie*, des *Lettres à M. Letronne sur la cosmogonie des Pères de l'Église et de la Genèse*, etc., avant que l'éminent écrivain fût élevé sur le siège épiscopal de Rodez. Depuis cette élévation, il m'a été donné de voir à Bordeaux Votre Grandeur, d'admirer en vous, Monseigneur, le Prélat *puissant en paroles et en œuvres*, le grand bienfaiteur de Belmont, où j'ai reçu le jour, et de son Petit Séminaire, où, sous l'excellente direction de MM. Plégat et Sabathier, j'ai fait mes études. J'apprends que, grâce à votre zèle et à vos libéralités, Monseigneur, ce Petit Séminaire, déjà florissant, va recevoir un grand développement.

Ces considérations me déterminent à prendre la liberté de déposer aux pieds de Votre Grandeur l'hommage d'un travail que mon dévoûment inaltérable à mon pays natal m'a fait entreprendre.

Daignez, Monseigneur, avec la bienveillance qui vous distingue, agréer cette Notice, malgré son imperfection.

J'ai l'honneur d'être avec un grand respect,

Monseigneur,

De Votre Grandeur,

Le très-humble et très-obéissant serviteur.

X. MOULS,
curé d'Arcachon.

NOTICE HISTORIQUE

SUR

BELMONT

(AVEYRON)

CHAPITRE PREMIER.

Belmont. — Son Monastère et son Chapitre.

De 942 à 1515.

Belmont, autrefois Beaumont (*Bellomons*), chef-lieu de canton, arrondissement de Saint-Affrique (Aveyron), a 1,500 âmes de population, une communauté de Sœurs de Saint-Vincent-de-Paul, un établissement de Frères de Sainte-Marie. Son Petit Séminaire, ancien et renommé, sa jolie église, et surtout son clocher monumental, font son principal ornement et sa gloire.

Cette petite ville est bâtie sur les flancs d'une colline qui forme une des dernières ondulations de la chaîne des Cévennes du côté de l'ouest. Le site n'étant pas de nature par lui-même à justifier le nom de Beaumont, nous aimions à penser qu'il lui venait de quelque notable du pays; mais, l'histoire ne justifiant pas cette hypothèse, nous devons l'attribuer au site lui-même, qui aura séduit peut-être le fondateur de Belmont. Quoi qu'il en soit, son clocher, véritable chef-d'œuvre, permet de lui donner ce nom.

Cette localité se trouve à l'extrémité sud du département de l'Aveyron, et touche presque aux départements du Tarn et de l'Hérault. La facilité des communications, l'industrie, le commerce attirant le gros de la population vers le Languedoc, il en résulte que les mœurs et les habitudes des Belmontais sont semi-aveyronnaises et semi-languedociennes. Ils parlent beaucoup moins le français que la langue d'Oc. Cet idiome, qui, à l'exception d'un petit nombre d'expressions, peut être appelé *roman*, est très-usité dans le midi de la France. Voici son origine : Avant J.-C., le midi de la France était habité par les Celtes-Gaulois ; et le Rouergue, ou pays des Ruthènes, faisait partie de la Gaule celtique. Entièrement soumis aux Romains 52 ans avant notre ère, il fut placé par Auguste dans l'Aquitaine. Dès lors, la langue celtique, en usage parmi les Ruthènes, fit place à la langue latine, qui, dans le Ve siècle, était devenue comme naturelle. Mais le commerce fréquent avec les Bourguignons, les Francs, et surtout avec les Visigoths, en altéra si fort la pureté, qu'il se forma une nouvelle langue, appelée *romane*. Telle est la source du patois malheureusement trop usité à Belmont, au grand détriment de la belle langue française.

Quant à l'origine de la petite ville de Belmont, comme celle d'un grand nombre de localités, elle se rattache probablement à la fondation d'un monastère autour duquel se groupèrent peu à peu des habitations. L'histoire nous apprend qu'aux IXe et Xe siècles, la piété de nos religieux ancêtres apparut avec le plus grand éclat dans la fondation d'une foule de monastères, fondations inspirées plutôt par l'esprit de charité divine que par les goûts errants de l'époque.

Il est certain qu'au Xe siècle de l'ère chrétienne, Belmont existait; il date au moins de 942. Flodoard rapporte qu'à cette époque, Diaphronisse, femme d'Aton, vicomte d'Albi, créa ou du moins enrichit considérablement un monastère de Bénédictins à Beaumont.

On lit dans l'*Histoire générale du Languedoc*, t. 2, liv. 12, p. 76 : — « Aton épousa Diaphronisse, qui fonda ou du moins fit des biens considérables au monastère de Belmont en Rouergue..... Son mari possédait des terres dans ce pays..... et ses descendants firent plusieurs donations à cette église, dont ils se regardaient comme les fondateurs. » — A l'exemple de Diaphronisse, plusieurs évêques de Rodez comblèrent de faveurs l'église de Belmont. En 1056 [1], quelques églises furent rangées sous sa dépendance par Mgr P. Béranger. Une lettre, conservée dans le manuscrit intitulé : *Archives de Beaumont,* par MM. Colbert [2], nous apprend que cet évêque donna à Guillaume, prévôt, et aux chanoines de Beaumont les églises de Saint-Symphorien de Mercato, de Saint-Pierre de Bittirac, et leur confirma les donations faites par ses prédécesseurs. Sécularisés dans la suite des temps, les Bénédictins du monastère de Belmont furent remplacés par un chapitre composé d'un prévôt, de dix chanoines et de six prébendiers; l'église devint collégiale, c'est-à-dire composée d'un chapitre de chanoines sans siége épiscopal. En vue de la perfection chrétienne, et peut-être aussi pour conserver les

---

[1] Bosc, t. 2, p. 216.
[2] Ce manuscrit se trouve dans la Bibliothèque Richelieu, à Paris.

largesses de Diaphronisse, les membres du chapitre demandèrent, en 1146, par l'entremise de Pierre, évêque de Rodez, et du vicomte de Béziers, Trincavel, la grâce de faire partie du clergé régulier [1].

Le 19 novembre 1146, le pape Eugène III leur permit d'embrasser l'institut des chanoines réguliers de Saint-Ruff, selon la règle de saint Augustin, et statua que désormais tous les membres du chapitre s'y conformeraient sans exception. Nous trouvons dans l'*Histoire générale du Languedoc* [2] le bref du Souverain Pontife, et les auteurs de cette histoire déclarent l'avoir puisé dans les archives de l'église de Beaumont :

« Eugène, évêque, serviteur des serviteurs de Dieu, à ses chers fils en J.-C., le prévôt et le clergé de l'église de Sainte-Marie de Belmont, salut et bénédiction apostolique. Chaque fois qu'on nous adresse des demandes légitimes, nous devons y obtempérer sans retard, afin de n'avoir pas l'air de différer ce qu'avant tout nous devons conseiller et favoriser. En conséquence, accueillant avec bienveillance vos pieux désirs et la légitime demande que vous nous avez adressée par l'entremise de notre vénérable frère Pierre, évêque de Rodez, et du noble vicomte de Béziers, Trincavel, nous approuvons et confirmons, par notre autorité, l'institut des chanoines réguliers que vous voulez établir et mettre en vigueur dans votre église, et nous statuons qu'à dater de ce jour, vous et vos successeurs dans l'institut des chanoines réguliers, vous vous conformerez dans votre église à la règle de saint Augustin, selon l'observance des Frères de Saint-Ruff, et qu'il n'y aura dans cette église que des

---

[1] Bosc, t. 3, p. 54.
[2] T. 2, p. 516.

chanoines réguliers. — Donné le 13e jour des calendes de novembre en 1146 [1]. »

Quelques mois après, les descendants de Diaphronisse confirmèrent et augmentèrent, par un acte authentique, les riches donations de leur aïeule. Au mois d'août 1147, Cécile, vicomtesse de Carcassonne et d'Albi; les vicomtes Roger, Raymond, Trincavel et Bernard Aton, ses fils, se trouvant à Murasson en Rouergue, ratifièrent les donations de leurs ancêtres en faveur de ce monastère (Belmont), et lui donnèrent en propriété diverses églises, tant dans le Rouergue que dans l'Albigeois, en présence de Rigaud, évêque d'Albi, et de plusieurs seigneurs [2].

Ce document précieux, écrit en mauvais latin de l'époque, nous révélant toute l'importance d'un chapitre dont les grands revenus doteront plus tard le pays d'un monument remarquable d'architecture, nous allons le mettre sous les yeux de nos lecteurs, en le traduisant mot à mot :

[1] Eugenius Episcopus servus servorum Dei dilectis filiis W. præposito, et cæteris clericis Ecclesiæ B. M. de Bellomonte, salutem, etc..... Quotiès eaquæ hortari nos convenit postulamur, moras ad concedendum facere non debemus, ne differre bona desideriæ quo magis dirigenda et fovenda sunt, videamur; ideoque rationabilem postulationem vestram quam ex litteris venerabilis fratres nostri P. Ruthenensis Episcopi et nobilis viri T. Bitterensium vicecomitis, atque relatione præpositi vestri cognovimus, debitâ benignitate attendentes, religiosis desideriis vestris clementer annuimus, et institutionem canonici ordinis quam in vestrâ ecclesiâ inducere et observare cupitis, favoris nostri authoritate firmamus, et futuris temporibus ratam haberi præcipimus; statuentes, ut ordo canonicus secundum deum et B. Augustini regulam in vestrâ ecclesiâ, juxta observantiam fratrum S. Rufi, ex hoc nunc à vobis et aliis qui in eo substituentur in perpetuum observetur et à modo nullus ibi nisi canonicus regularis ordinetur. — Datum XIII kalend. novembris 1146.

[2] Bosc, *Mémoire pour servir à l'histoire du Rouergue*, t. 3, p. 54.

« L'an mil cent quarante-sept de l'incarnation du Verbe et le dix août, épacte dix-septième, lune première, sous le pontificat d'Eugène, demeurant à Rome, et le règne de Louis, roi de France, nous annonçons que, nous, vicomtesse Cécile, veuve de Bernard Aton, vicomte de Béziers, et ses enfants, Roger, Raymond, Trincavel et Bernard d'Aton [1], vicomte de Béziers, de Nîmes et d'Albi, agissant en notre nom et au nom de nos héritiers présents et futurs, avec pleine et entière volonté, pour l'amour de Dieu et le pardon de nos fautes,

» Nous donnons, approuvons, concédons, confirmons et par la présente charte livrons pour toujours, l'aumône, le don fait par nos aïeux la vicomtesse Diaphronisse et le vicomte Bernard, son fils, époux de Gauxiane, et leurs enfants, Frotère, évêque d'Albi, et le vicomte Aton,

» Au Seigneur Dieu, et à l'église de Sainte-Marie de Belmont, à vous, Guillaume, prévôt de cette église, et aux chanoines présents et futurs, résidant dans cette même église. Cette aumône comprend :

» 1º Tout franc-alleu [2], *totum allodium*, et tout pouvoir, *et totum potestativum*, dans le bourg et dans toute la paroisse de Belmont, diocèse de Rodez : *de villâ et de omni parochiâ de Bellomonte Ruthenensis diœcesis.*

» 2º Nous donnons également à Dieu et à la susdite église, dans l'évêché de Rodez, tout franc-alleu et tout pouvoir dans toute la paroisse de *Saint-Symphorien;* tout franc-alleu et tout pouvoir dans la paroisse de *Saint-Étienne-de-Caucas;* tout franc-alleu et tout pouvoir dans la paroisse de *Saint-Amans-de-l'Hisori* ou de *Lizertet;* tout franc-

---

[1] Fils d'Aton.

[2] Possession d'un bien qui n'est sujet à aucune charge ni redevance.

alleu et tout pouvoir dans la paroisse de *Saint-Pierre-de-Bittirac;* tout franc-alleu et tout pouvoir dans la paroisse de *Saint-Privat;* tout franc-alleu et tout pouvoir dans la paroisse de *Sainte-Marie-de-Conis;* tout franc-alleu et tout pouvoir dans le bourg et dans la paroisse de *Verrières;* tout franc-alleu et tout pouvoir dans la paroisse de *Saint-Vincent-de-Lacalm;* tout franc-alleu et tout pouvoir dans la paroisse de *Saint-Martin-de-Burigri;* tout franc-alleu et tout pouvoir dans la paroisse de *Saint-Pierre-de-Mounès.* Et, dans la paroisse de *Sainte-Marie-de-Murasson,* tout franc-alleu et tout pouvoir sur tout le territoire de *Coufouleux,* des *Camps* et de *Riols.*

» Toutes ces concessions se trouvent dans l'évêché de Rodez.

» Nous donnons aussi à Dieu et à la susdite église, dans l'évêché d'Albi, tout franc-alleu et tout pouvoir dans la paroisse de *Saint-Hilaire-de-Cabanis* [1]. Nous donnons également, dans le même évêché, tout franc-alleu et tout pouvoir dans la paroisse de *Saint-Étienne-de-la-Capelle;* et dans la paroisse de *Senara,* tout franc-alleu et tout pouvoir sur le territoire de *Réthoyrat.*

» Nous donnons encore à Dieu et à la susdite église de Belmont tout franc-alleu et tout pouvoir dans toutes nos terres que vous pourrez livrer à l'exploitation.

» Nous donnons aussi à perpétuité à Dieu, à la susdite église de Belmont, à vous sus-nommés et à vos successeurs, de telle façon que vous et ce qui vous appartient sur notre territoire, soyez exempts de toute charge et redevance ;

» Tout ce que nous venons d'énumérer, nous le donnons,

---

[1] Cabanes de Barre.

nous l'approuvons, nous le confirmons à Dieu et à l'église de Sainte-Marie de Belmont, avec le clergé, les hommes, les femmes qui s'y trouvent; avec les terres travaillées ou incultes, les bois, les champs, les montagnes, les vallées, les cours d'eau, et avec tous les priviléges qui s'y rattachent; et nous donnons, sans aucune réserve, tout ce qui nous revient ou nous peut revenir dans les lieux précités.

» Cette charte a été revêtue de mon sceau et faite devant l'église de Murasson. Témoins : Rigal, évêque d'Albi; Guillaume Aton de Cuvalla, Hugon de Roquecésière, Raymond de Malasel, Calvet, Bernard Bonbar, Sicard-Isarn, et Guillaume, chanoine de Sainte-Cécile; c'est à notre prière et par nos ordres que ce dernier a écrit cette charte. [1] »

[1] « In nomine D. N. J.-C., anno incarnationis ejusdem MCXLVII, augusti in die X, Conecur II Eugenio papâ Romæ presidente, Epacta XVII, et Ludovico rege Francorum regnante, luna I. Notum sit cunctis hæc audientibus quod ego Domina Cæcilia vicecomtissa, quæ fui uxor Domini Bernardi Atonis, vicecometis Bitteris, Carcassonæ, Nemausii et Albiæ; per nos et per nostros hæredes presentes et futuros, bono animo et gratuitâ voluntate, pro amore Dei et in remissionem peccatorum nostrorum :

» Damus, laudamus et concedimus et confirmamus, et cum hâc presente chartâ, in perpetuum tradimus donum et eleemosynam quam fecerunt majores nostri generis, videlicet, Diasphronissa vicecometissa et Bernardus vicecomes filius ejus, et Gaucia uxor ejus, et filii eorumdem, Froterius Albiensis episcopus et Ato vicomes Domino Deo et ecclesiæ Sanctæ-Mariæ de Bellomonte, et tibi Guillelmo præposito ejusdem ecclesiæ, et canonicis ejusdem ecclesiæ presentibus et futuris ibidem Deo servientibus; videlicet, 1° Totum allodium et totum potestativum de villâ et de omni parrochiâ de Bellomonte, Ruthenensis diæcesis. 2° Damus similiter Deo et ecclesiæ supradictæ in ipso episcopatu Ruthenensi, allodium et totum potestativum de omni parrochiâ Sancti Symphoriani de Mercato; et totum allodium et totum potestativum de omni parrochiâ Sancti Stephani de Concas (al. de Caïrats et al. de Faïret); et totum allodium et potestativum de omni parrochiâ Sancti Amantii de Bisort (al. Cazertez); et totum allodium et totum potestativum de omni parrochiâ Sancti Petri de Bittiraco; et totum allodium et totum potestativum de omni parrochiâ Sancti Privati; et totum allodium et totum potestativum Beatæ Mariæ

Les descendants de la vicomtesse Cécile ratifièrent solennellement toutes ces donations. « Roger, vicomte de Béziers, se rendit au mois de juillet 1185 à la *Caune* en Albigeois; et là, étant dans le cimetière de Sainte-Marie,

de Conis; et totum allodium et totum potestativum de villâ et omni parrochiâ Sanctæ Mariæ de Veretiis; et totum allodium et totum potestativum de omni parrochiâ Sancti Vincenti (de Lacalm); et totum allodium et totum potestativum de omni parrochiâ Sancti Martini de Ruripe (al. Toropi); et totum allodium et totum potestativum de omni parrochiâ Sancti Petri de Moncs; et in parrochiâ Sanctæ Mariæ de Murassone, totum allodium et totum potestativum de omni territorio de Cofolens et de Campis et de Riolz.

» Omnis honor prædictus est in episcopatu Ruthenensi. Damus similiter Deo et ecclesiæ prædictæ in episcopatu Albiensi, totum allodium et totum potestativum de omni parrochiâ Sancti Hilarii de Cabanis; Damus similiter in ipso episcopatu, totum allodium et totum potestativum de omni parrochiâ Sancti Stephani de Capellà; et in parrochiâ ecclesiæ de Senara totum allodium et totum potestativum de omni territorio de Rethoyrat (al. Bezeyreta); Damus similiter Deo et ecclesiæ de Bellomonte prædictæ totum allodium et totum potestativum in omnibus locis terræ nostræ in quibus poteritis quomodo libet habere fundum; Damus similiter Deo et ecclesiæ prædictæ de Bellomonte et vobis prædictis et successoribus vestris in perpetuum, ut vos et omnia vestra, in omni terrâ nostrâ ab omni leydâ et pedagio sint libera et absoluta. Hæc omnia sicut sunt supra scripta, nos damus, laudamus et confirmamus Deo et ecclesiæ Sancta Maria de Bellomonte in perpetuum cum fevalibus retrofevalibus, cum vicariis et retrovicariis, et decimariis et sirventagiis; cum hominibus et feminabus exindè naturalibus, cum bonis cultis et incultis, et nemora campestria, montes et valles, aquarum cursus et recursus, et omnes usaticos et taillias et tollas et questas et albergas et firmantias et sanguinias et justitias et omnes actiones, et totum quod habemus vel habere debemus in omni prædicto honore absque omni retentu.

» Caritativè tamen ego recepi, Rogerius prænominatus à te Guillelmo præposito præfato DCC sol... melgor... et X mortellos cum suis detratulis et VII maximos ballones (al. . Baccones) et hanc chartam cum sigilli mei munimine feci roborari.

» Factum est ante ecclesiam de valle de Murassone, hujus testes sunt Rigaldus Albiensis episcopus, Guillelmus Atto de Curvalla, Hugo de Cenzeno, Reymondus de Malasel, Gimeria Calvetus de Malafalguiera, Bernardus Bonbar, Sicardus Isarn et Guillelmus Sanctæ Cæciliæ canonicus qui hanc chartam scripsit ex utrorumque rogatus mandato. »

il confirma avec la vicomtesse (Adélaïde de Toulouse), sa femme, par une charte qu'ils firent *sceller de leur sceau*, en faveur de Guillaume de Rocozel, prévôt de N.-D. de Beaumont en Rouerge, toutes les donations que leurs ancêtres, fondateurs de cette église, y avaient faites. » Voici la pièce authentique, extraite des archives du monastère de Beaumont en Rouergue [1] :

« L'an 1185 de N. S. J.-C., au mois de juillet, sous le règne de Philippe, roi de France, nous déclarons, etc... que nous Roger, vicomte de Béziers, de Carcassonne et d'Albi, et la vicomtesse Adélaïde, son épouse, nous donnons de grand cœur, nous concédons, confirmons et livrons pour toujours, par cette présente charte, le don et l'aumône faits par nos aïeux, la vicomtesse Diaphronisse, le vicomte Bernard son fils, Gauziane [2], épouse de ce dernier, et leur fils Frotère, évêque d'Albi, et le vicomte Aton, au Seigneur Dieu et à l'église de Sainte-Marie-de-Belmont, et à Guillaume de Rocozelle, prévôt de l'église, ainsi que aux chanoines présents et futurs employés dans ladite église. Ce don et cette aumône consistent en tout francalleu et tout pouvoir dans la ville et paroisse de Sainte-Marie-de-Belmont, diocèse de Rouergue. Dans ce même évêché, nous donnons aussi tout franc-alleu et tout pouvoir dans la paroisse de Saint-Symphorien... » (Suit la reproduction de la charte de 1147.) « ... Ceci a été fait dans le cimetière de Sainte-Marie-de-la-Caune, en présence de Pons d'Olargues, Guillaume, de Pierre ou fils de Pierre de Vintro, Raymond de Autopulle, Bernard de Boissozo de Lom-

---

[1] *Histoire générale du Languedoc*, t. 3, p. 69.

[2] On trouve dans les auteurs tour à tour Gauziane, Gauxiane, Gaujiane, désignant la même personne.

bers, Isarn de Brassac, Ugon d'Isarn, et Sicard, son frère, et Bernard, notaire du seigneur Roger [1]... »

« En 1190, le vicomte Roger se rendit à la fin de juillet, avec sa femme Adélaïde de Toulouse, à Beaumont en Rouergue, où ils accordèrent divers priviléges à cette église. » (*Hist. gén. du Languedoc*, t. 3, p. 80.)

En 1299, Mgr Bernard de Monestier, évêque de Rodez, corrobora tous ces priviléges. (Bosc, t. 2, p. 229.)

Les évêques de Vabres marchèrent sur ses traces, lorsqu'en 1317, sous le pape Jean XXII, natif de Cahors, Belmont cessa d'appartenir au diocèse de Rodez, pour faire partie de celui de Vabres. Le nouveau diocèse, composé de cent vingt-huit paroisses, de vingt-quatre annexes, trois abbayes, Naut, Salvanet et Nouëque, eut trois églises collégiales : Saint-Affrique, Belmont, et Saint-Sernin.

[1] « In nomine D. N. J.-C., anno I ejusdem MCLXXXV, mense julii, regnante Philippo rege Francorum manifestum sit, etc... quod, ego, Rogerius vicecomes Bitterensis et Carcassensis et Albiensis, et ego Adalaïs vicecometissa ejus uxor per nos........ bono animo, etc...... damus, laudamus, et concedimus et confirmamus et cum hâc præsenti cartâ in perpetuum tradimus donum et eleemosinam quod fecerunt majores nostri generis; vidilicet Diasphronissa vicecometissa et Bernardus vicecomes filius ejus et Gauzia ejus conjux et filii eorumdem, Froterius Albiensis episcopus, et Atto vicecomes, domino Deo et ecclesiæ Sanctæ Maria de Bellomonte et tibi Guillelmo de Rocosello præposito ejusdem ecclesiæ, et canonicis præsentibus et futuris ibidem Deo servientibus; videlicet allodium et totum postestationem de villâ et de omni parrochiâ B. M. de Bellomonte Ruthenensis diocæsis. Damus in ipso episcopatu Ruthenensi totum allodium et totum potestativum de omni parrochiâ Sancti Symphoriani de Mercato, etc........ Factum est hoc in cimiterio Sanctæ Maria de Caunâ. Hujus rei sunt testes Pontius de Olargio, Guillelmus Petri de Vintro, Raymondus de Autopullo, Bernardus de Boissozo, de Lombers, Isarnus de Brassac, Ugo Isarni et Sicardus frater ejus et Bernardus notarius D. Rotgerii, etc. »

A dater de cette époque jusqu'à la Révolution française, le chapitre de Belmont brilla d'un vif éclat. L'un de ses prévôts, Bernard Blanchi, fut évêque de Vabres depuis l'an 1455 jusqu'en 1475. (*Gallia Christiana*, t. 1.)

Pierre-Jean-Charles de Montazet, natif de Belmont et membre du chapitre, fut élu en 1760 coadjuteur de Mgr de Marbœuf, archevêque de Lyon. Michel de Pontault, protonotaire apostolique, fondateur de l'église et du clocher de Belmont, était prévôt du chapitre en 1515, et le créateur du Petit Séminaire de Belmont, M. l'abbé Robert, en était chanoine avant 1793.

L'histoire de l'église et du clocher de Belmont va nous apprendre ce que la postérité doit de reconnaissance à ce chapitre ; elle nous fera connaître aussi de plus en plus cette petite ville.

CHAPITRE II.

Église et clocher de Belmont.

Ce clocher, l'un des derniers monuments du style ogival, si fécond en merveilles, est un chef-d'œuvre de hardiesse et d'harmonie. La rapidité avec laquelle il a été bâti (neuf ans) a permis de lui donner le sceau de l'unité, dont la plupart des édifices de cette époque se trouvent privés. Sobre d'ornements, il est riche de noble simplicité, de grandeur et de majesté. Voici l'histoire de sa fondation :

En 1512, le siége épiscopal de Vabres était occupé par Louis de Narbonne, prélat dévoré du zèle de la maison de Dieu. L'auteur de la *Gallia Christiana* raconte que cet évêque restaura et embellit son église cathédrale ; qu'il voulut accorder les mêmes faveurs aux églises abbatiales : *Templum omne decoravit; nec minorem curam gessit abbatiarum suarum.*

Tout son diocèse se ressentit de cette puissante impulsion.

Alors les habitants de Belmont, dont la population s'élevait, d'après les mémoires du temps, à 1,800 âmes, se plaignirent de l'insuffisance de leur église et sollicitèrent son agrandissement, sa reconstruction.

Le prévôt Michel de Pontault, protonotaire apostolique, accueille favorablement leur demande, encourage leurs projets, prend la résolution de s'imposer de grands sacrifices, et demande le concours des chanoines pour le chef-d'œuvre qu'il a médité. Mais, sous prétexte qu'il touche tous les revenus, les chanoines expriment un refus. L'affaire est portée devant le bailli (ou juge) de Roquecésière, qui condamne le chapitre. Le chapitre persiste dans son refus. Le prévôt le traduit devant le tribunal de Toulouse. Le Parlement nomme M. *de Clauza* commissaire enquêteur, qui se transporte sur les lieux, écoute les réclamations, dresse un rapport et rend la décision suivante :

« Avons appointé et ordonné, appointons et ordonnons :

» Attendu que l'église, en l'état présent, est inhabitable et non suffisante pour recevoir les manants et habitants dudit lieu de Beaumont et autres paroissiens des lieux circonvoisins d'icelle église, pour ouïr et faire le service divin, qui sont en grand nombre de communion, outre dix-huit cents personnes ou environ, et que icelle église n'a que de long quatorze cannes et cinq cannes trois pans de large et dans œuvre ; et que, dans la nef d'icelle église, y a huit piliers gros qui empêchent la vue de l'élévation et réception du précieux corps de Dieu ; que n'est possible de le voir par ceux qui sont derrière iceux gros piliers ; et que la moitié du peuple et paroissiens ne sauroient habiter pour ouïr le service divin en icelle ; car, faute que ne demeurent quasi la moitié les uns sur les autres, et jusques à l'autel mage (maître-autel), qu'est une horreur et chose hideuse de le voir, ainsi que nous le vîmes de nos yeux, dimanche passé, en oyant icelle messe, avecque le peuple et paroissiens, en présence d'icelles parties. Pour ce, ces choses considérées et autres plus amplement contenues au procès, enquêtes et productions faites par chacune d'icelles parties, avons appointé et ordonné, appointons et ordonnons que ladite église sera faite et arvotée avec de bonnes pierres, chaux et sable, de neuf, crue (agrandie), allongée et élargie ; ensemble le clocher, selon la longueur, largeur et forme que verrons à faire après que aurons eu conseil avec quelques experts et agents ayant de ce connoissance, et s'entendant en telles affaires ; et pour icelle église à faire, avons ordonné et ordonnons en suivant lesdits arrêts, exécution d'iceux et ordonnance par nous aujourd'hui de matin prononcée, que la tierce-partie de chacun, les fruits, profits, émoluments et rentes d'icelle préposiutre sera convertie chacune année, à la édification d'icelle église et clocher, jusques à la perfection d'icelle ; et pareillement les chanoines et chapitre bailleront chacune année une prébende des fruits, rentes, émoluments dudit chapitre, et autant que un des chanoines a coutume de prendre chacune année ; icelle prébende bien lever, et lesdits bénéficiers et officiers tant présents, absents que défaillants, aussi bailleront la dixième partie de tous et chacun des fruits, récoltes, profits, émoluments de leurs bénéfices, et offices dépendants d'icelle église de Beaumont, tels que de raison aussi chacune année, et jusques à la perfection d'icelle église et clocher neuf ; et iceux manants et habitants dudit lieu de Beaumont et autres paroissiens d'icelle église et lieux circonvoisins, bailleront et délivreront pour icelle église et clocher édifier, refaire de nouveau, la somme de mille livres, une fois tant seulement à payer, laquelle somme sera cottisée et mise sur un et chacun les paroissiens communiants et étant en âge de recevoir le *corpus Domini*, etc.... »

On se soumit à ce jugement. Or, cela se passait le 4 novembre 1514.

Le 7 du même mois, le commissaire du Parlement fit aller à Belmont Pierre Galanger, massonnier d'Albi; « et avec lui, continue M. de Clausa, nous visitâmes icelle église tant dedans que dehors, et icelle vue et visitée, illec ledit Galanger fit une espèce de pourtróict et figure en notre présence, pour être aux parties montrés et exhibés ; et advenue l'heure de vêpres, comparurent devant nous dict commissaire de dict prévost d'une part, et le chapitre et les bénéficiers, ouvriers, sive consuls, d'autre ; monstrâmes ledit pourtroict en deux feuilles de papiers par long, enfilées et adjointées, selon laquelle figure, icelle église et clocher se feraict, si bon leur sembloit. Et pour ce, leur dismes que ce avisassent si le vouloient ainsi, ou comment : et pendant que icelui massonnier étoit illec présent, et pareillement leur leumes les articles que nous avions faicts et ordonnés avec ledit expert, déclaratifs d'icelui pourtroict et figure. Ces articles contiennent l'ordonnance de rebâtir icelle église et clocher à neuf, le tout de pierre rapportée et les dimensions, positions, décors et ornements d'icelle église et clocher. Le tout devoit être bien fait et accoutré, et six campanes devoient être bien logées et assises, sans que l'une empêchât l'autre. Le chœur devoit être labeuré en bois et aussi grand que nécessaire. Le massonnier devoit chercher tel et si beau fondement que fût bon et suffisant, afin qu'en temps à venir ne faillit et ne manquât point en aucune façon, etc.... Le pourtroict veu, et les articles leus, l'assemblée entière approuva, et tous promirent et jurèrent les uns après les autres sur les SS. Évangiles de Dieu, de tenir et garder toutes les choses en iceux articles contenues et ordonnées, et l'engagement de chacune partie fut prins à l'endroit d'une dette fiscale. »

Alors Michel de Pontault, jaloux de léguer au pays un monument remarquable, ne craignit pas d'assumer sur lui la responsabilité de cette construction, et prit l'engagement formel d'achever les travaux dans l'espace de dix ans, moyennant les secours promis par les chanoines, bénéficiers et habitants de Belmont.

Les offres sont acceptées. Le prévôt se met à l'œuvre.

Commencée en 1515, l'entreprise était finie en 1524, dans l'espace de neuf ans; et Michel de Pontault, dépassant de beaucoup toutes les espérances, avait doté la contrée, la France entière, d'un chef-d'œuvre du style ogival tertiaire dans toutes ses parties.

Après celui de Rodez, le clocher de Belmont est le plus élevé, le plus remarquable du département de l'Aveyron.

De la base au sommet, il mesure 74 mètres ou 222 pieds, ainsi répartis avec la plus grande exactitude, en 1845, par les soins de M. Paul Rols, membre du conseil général de l'Aveyron, chevalier de l'ordre impérial de la Légion d'Honneur, et juge de paix de Belmont :

Statue de saint Michel au sommet du clocher....	1^m,81
Flèche..	32^m,30
Tour..	39^m,80
Total...............	74^m,00

Ce clocher est bâti en avant de l'église, dont il aide à former la façade, et à laquelle sa partie inférieure sert de vestibule. La tour carrée est flanquée de quatre énormes contre-forts massifs qui font face aux angles, et sont surmontés, à la hauteur de la flèche, de quatre clochetons octogones, armés de têtes de chou, et réunis à la flèche par des arcs-boutants richement découpés. Ces clochetons sont pleins, tandis que la flèche octogone, qui, au milieu d'eux, s'élève dans l'espace à une hauteur de 32^m,30, et supporte au sommet une énorme statue de saint Michel terrassant le dragon, est vide. Les parpaings de grès rouge dont elle se compose n'ont que 31 centimètres d'épaisseur.

Percée sur quatre de ses faces d'un double rang de fenêtres carrées surmontées de gracieux arcs en accolade que termine un bouquet, la flèche est ornée vers le milieu de sa hauteur, pour interrompre la monotonie, d'une galerie très-délicatement sculptée à jour ; et, sur ses huit angles, de la base au sommet, sont distribués, en forme de gradins, des crochets historiés.

Cette flèche est vraiment remarquable par sa hardiesse, son élégance et sa solidité. Deux galeries aux balustrades taillées en ornements flamboyants, très-usités au commencement du XVIe siècle, décorent sa base, coupent la monotonie de la tour, déguisent son épaisseur. On peut monter à l'une et à l'autre par un escalier pratiqué dans un des contre-forts.

La galerie supérieure entoure la flèche et sert de couronne à la tour. L'inférieure, arrêtée par les combles de l'église, n'embrasse que trois côtés communiquant ensemble au moyen d'ouvertures pratiquées dans les contre-forts.

Placé entre ces deux galeries, le deuxième étage, qui est celui des cloches, a, sur trois faces, deux rangs de fenêtres géminées, surmontées, dans la direction de leur centre, d'un trois-feuilles et d'une rosace, et séparées par un cordon saillant qui se développe à l'extérieur, même sur les contre-forts. Ces six ouvertures avaient, dans la pensée de l'architecte, une triple destination : elles devaient dégager la tour de sa forme lourde, pesante, transmettre au loin le son de six cloches, éclairer cet appartement, appelé à être voûté, comme l'annoncent les retombées des angles. Ce projet de voûte dut être abandonné, probablement à cause d'un coup d'œil ravissant. En effet, de là on contemplait, avec une espèce de saisissement involontaire, l'intérieur évidé de la flèche jusqu'au sommet, c'est-à-dire à une hauteur de 42 mètres. Depuis 1845, ce charme est remplacé par l'avantage qu'on a de monter jusqu'au sommet de la flèche, à l'aide des boiseries établies dans l'intérieur.

Au premier étage de la tour, entre la demeure des cloches et le vestibule, se trouve un grand appartement appelé la *chambre des Chanoines*, parce qu'autrefois le chapitre y tenait ses réunions.

La fenêtre qui l'éclaire est carrée et divisée par des meneaux en croix, avec des moulures prismatiques semblables à celles du chambranle qu'entoure la baie.

Cet appartement est voûté comme l'église.

L'église s'annonce majestueusement par un vestibule pratiqué au-dessous du clocher, dans toute sa largeur, ayant, tout compris, 10^m,20 carrés.

Ce porche s'ouvre par un grand arc ogival aux filets prismatiques ; un large escalier d'une vingtaine de marches conduit dans ce vestibule, qui encadre et embellit la façade de l'église, c'est-à-dire la partie la plus décorée du monument.

Dans cette façade, la porte, divisée en deux compartiments par un meneau, présente un arc-tudor ou surbaissé, aux nervures multipliées, concentriques, prismatiques.

De chaque côté se trouve un pilastre terminé par une aiguille à crochets sculptés.

Au-dessus de l'arc-tudor se développe un arc en accolade dont le sommet allongé a, comme tout l'extrados, des crochets ornés de figures, et se résout en piédestal supportant l'image du Père éternel.

Les nombreuses statues de pierre du tympan annoncent que le temple est dédié à N.-D., et a pour fête patronale l'*Assomption*. L'artiste a choisi le moment où les chœurs angéliques donnent un concert à la Vierge. Placée dans les cieux, au-dessous du Père éternel, Marie est debout au milieu des anges, qui sonnent de la trompette, jouent de la harpe, pincent la guitare, font résonner la lyre.

L'église est de grandeur moyenne. En comparaison du clocher, elle paraît petite. En œuvre, elle a 32 mètres de long sur 18 de large et 20 d'élévation. En entrant, on est frappé de sa régularité, de l'harmonie établie dans l'ensemble et dans les parties. Sa forme se rapproche beaucoup de celle d'un vaisseau renversé sur lui-même. La nef se termine par une *abside* à trois pans très-peu accentués. Dès le seuil de la porte, on aperçoit onze chapelles : trois à l'abside et quatre de chaque côté, séparées les unes des autres par des contre-forts s'élevant, à l'extérieur, au niveau des combles.

Toutes les chapelles, orientées dans le sens du maître-autel, se ressemblent : les arcs qui les ouvrent ont la même largeur et hauteur, les mêmes ornements simples, des nervures prismatiques. Leur élévation est de 10 mètres sur $3^m,40$ de côté. Comme celle du vestibule et de la chambre des Chanoines, leurs voûtes reproduisent en abrégé celle de la nef.

La voûte de la nef ne manque pas d'élégance. Au milieu des contre-forts qui séparent les chapelles, se trouve une colonne cylindrique à moitié engagée dans le mur et couronnée par un gracieux chapiteau à feuillage frisé ; de là, comme d'une tige, s'élancent des branches ou nervures prismatiques, régulièrement espacées et divisées en travées qui vont opérer leur jonction au centre, où elles sont ornées d'écussons. Presque partout, au dedans et au dehors, on voit les armes de Michel de Pontault.

L'église est éclairée par une rosace et dix grandes fenêtres géminées, surmontées de trèfles et de quatre-feuilles. Établies au-dessus des chapelles, dans l'axe de leur arc, et semblables à celles du clocher.

Placée au milieu de l'abside, en face de l'entrée, la rosace est riche de simplicité et de bon goût. Le grès rouge dont elle se compose est taillé en broderies rayonnantes.

L'église est toute recouverte en ardoise grise, large, tirée du pays. Le toit des chapelles est en appentis ; celui de la nef a deux versants.

Les contre-forts de l'église et du clocher sont armés de gargouilles artistement faites et figurant des monstres fantastiques. Selon l'usage de l'époque, l'une d'elles, placée sur le premier contre-fort du clocher, à gauche en entrant, représente ironiquement un abbé mitré, le prévôt Michel de Pontault, dont le patron est debout et trône majestueusement au sommet du clocher.

Cet édifice n'est malheureusement pas bâti en entier avec la pierre de taille. Les voûtes et tous les remplissages des murs sont en maçonnerie de moellons crépie en dehors et en dedans. Le reste se trouve en belle pierre de taille de grès rouge de la contrée.

Telle est la description abrégée de ce monument, que nous voudrions pouvoir représenter ici à cause de son importance ; mais des circonstances indépendantes de notre volonté ne nous l'ont pas permis.

Un homme très-compétent, M. Boissonnade, architecte du département et membre de la commission des monuments historiques, a dit de lui : « Il y a sans contredit des monuments plus remarquables par leur étendue et par leurs richesses ; mais il y en a fort peu qui offrent autant d'harmonie et de sagesse dans leur ensemble et dans leurs détails ; il est d'ailleurs construit d'un seul jet, dans un délai assez court, et retrace la pensée complète de l'artiste qui l'a conçu et élevé. C'est en quelque sorte un type des connaissances architectoniques dans le Rouergue, au commencement du XVIe siècle, et peut-être un des derniers édifices élevés dans le style ogival. Il nous semble donc, sous tous les rapports, mériter une attention spéciale. »

Les mémoires du temps nous apprennent que le célèbre prévôt eut à cœur de mettre la dernière main à son œuvre, non-seulement pour la construction, mais encore pour la décoration de l'édifice, soit à l'extérieur, soit à l'intérieur. Les cérémonies du culte se faisaient avec pompe : tandis que les brillantes volées de six cloches convoquaient les fidèles, le son religieux de l'orgue, dans l'église, invitait au recueillement. Sur un autel de marbre blanc, orné de guirlandes de feuilles de vigne et de grappes de raisin qu'on a, plus tard, essayé de reproduire, on célébrait les divins mystères. Par un large escalier de six marches, on arrivait à cet autel, placé au milieu de l'abside, dans la chapelle qui fait face à l'entrée.

Presque un tiers de l'église était occupé par un chœur que la Sainte-Table séparait de la nef. Les boiseries, en noyer, du chœur, de la Sainte-Table, de la chaire et des orgues étaient couvertes de trèfles, de quatre-feuilles, de rosaces, des ornements délicats du style ogival tertiaire. Mais, de toutes ces œuvres d'art, il ne reste, de nos jours, que le souvenir.

Voyons, maintenant, comment s'est opérée cette destruction ; faisons le récit des dégradations du monument jusqu'en 1845, époque de sa restauration.

I. En 1583, les guerres de religion couvraient la France, le Rouergue, et surtout le Vabrais, de sang et de ruines. La haine des hérétiques s'attaquait aux églises. Celle de Belmont ne fut point épargnée. « Une enquête faite devant le juge de Beaumont, dit M. l'abbé Bousquet après le baron de Gaujal, constate que la maison prévôtale et le monastère de cette ville ont été saccagés par les calvinistes ; que le chœur de l'église a été brûlé ; que les titres et les ornements ont été dispersés, les cloches brisées, l'orgue détruit, etc. »

II. 93 arrive ; l'église de Belmont est de nouveau profanée, livrée au pillage. La tour avait trois cloches, elles furent brisées et converties en monnaie de l'État l'an IV de la République, comme nous l'apprennent les vieillards de nos jours et les registres de la commune.

D'après ces mêmes registres, le général de division du district de Saint-Affrique est arrivé à Belmont le 2 septembre 1792. Ses dragons sont entrés dans l'église, ont brisé, à coups de ciseaux et de marteaux, les armoiries seigneuriales, et décapité la statue de la Vierge, placée dans le tympan de la porte d'entrée....

III. Après 93, le clergé était pauvre, et les doctrines de

Voltaire avaient appris à tourner en dérision les monuments gothiques. Dans les premières années du XIXe siècle, une génération de pygmées haussait les épaules en présence de ces monuments gigantesques. L'injustice ne dura pas longtemps; en 1825, une ère nouvelle commença; on admira ce que la veille on méprisait.

De tous côtés on se met à l'œuvre pour restaurer et conserver les édifices anciens. Les populations et le Gouvernement s'imposent de grands sacrifices.

A cette époque, le clocher et l'église de Belmont, demeurés, depuis 1524, sans aucune espèce de réparation, avaient beaucoup souffert des ravages du temps et des ennemis de l'Église. De grosses pierres, se détachant tantôt d'une galerie ou d'un clocheton, tantôt d'un contre-fort ou d'une colonne de l'édifice, inspiraient des craintes sérieuses. Quand le vent soufflait impétueux, on ne passait pas sans trembler à côté du clocher. Une chute prochaine de la flèche paraissait inévitable.

Et comment la conjurer? Où trouver les fonds suffisants pour cet important et périlleux travail?

La Providence daigna y pourvoir.

IV. La conservation de ce monument est due à MM. de Guizard, alors préfet de l'Aveyron; Boissonnade, architecte du département, membre de la commission des monuments historiques; Paul Rols, juge de paix; J.-P. Mouls, maire; Devic, curé de Belmont, et surtout à M. Balthazar Roque, de Toulouse, originaire de Belmont.

Cette église vit un jour l'eau sainte du baptême couler sur le front naissant de ce dernier; l'ombre de ce clocher abrita les jeux de son enfance; ses jolis carillons parlèrent à son cœur. Devenu riche, M. Roque voulut payer la dette de la reconnaissance. Depuis 1835, il s'occupait avec ardeur de ce monument, promettait de faire pour lui des sacrifices, lorsque, en 1842, sur ses instances et à ses frais, M. Alexandre du Mége, inspecteur des antiquités, conservateur des monuments, correspondant de M. le Ministre de l'intérieur, se rendit à Belmont, leva le plan de l'édifice, et le transmit, avec un mémoire détaillé, à M. le Préfet pour l'obtention d'un secours du Gouvernement.

Mais déjà M. de Guizard, administrateur habile et ami éclairé des arts, avait jeté les yeux sur l'édifice et promis de veiller à sa conservation.

L'architecte du département, M. Boissonnade, si connu par ses travaux de restauration de l'église de Conques et de la cathédrale de Rodez, secondait puissamment les vues de M. le Préfet. En 1838, au mois de juin, il dresse le plan de l'église et du clocher, en fait la description, et l'édifice est classé parmi les monuments historiques.

M. Boissonnade expose qu'il faut au moins la somme de 26,000 fr. pour les réparations urgentes. Le Gouvernement accorde un secours de..................................F. 20,000

Sur la proposition de M. Mouls, maire, la commune vote... 4,000

M. Balthazar Roque daigne souscrire pour........ 2,000

Total...........F. 26,000

Nommé régisseur des travaux, M. P. Rols les fait exécuter, avec le zèle qui le distingue, par M. Bonafous, habile entrepreneur. Cette périlleuse entreprise eut lieu en 1845 sans aucun accident; et la population belmontaise put se réjouir à la vue de son monument remis presque dans l'état primitif.

Toute la pierre de taille était grattée et rejointée, la

maçonnerie en moellon recrépie en dedans et en dehors ; les pierres tombées avaient repris leur place, les statues mutilées se trouvaient restaurées. Au lieu d'être suspendues comme auparavant (de 1801 à 1845) au milieu des fenêtres où elles dégradaient les meneaux, les pieds-droits, et pouvaient ainsi compromettre la solidité des murs, les trois cloches de la tour reposaient désormais sur un beffroi solide, indépendant des murs, placé dans l'intérieur d'un appartement pavé en pente douce pour l'écoulement des eaux pluviales dont les infiltrations dans les voûtes de la *chambre des Chanoines* et du porche minaient auparavant l'édifice.

Des verres de couleur ornaient la rosace ; les deux fenêtres de l'abside avaient des vitraux historiés.

Telles sont les principales réparations et restaurations accomplies en 1845. A cette époque, on se borna presque au nécessaire, à l'indispensable. On fit beaucoup, mais il reste encore beaucoup à faire pour mettre la dernière main au chef-d'œuvre de Michel de Pontault.

Je demande la permission de hasarder les réflexions suivantes, dictées uniquement par le désir de payer la dette de la reconnaissance à un sanctuaire dans lequel j'ai reçu les plus grandes faveurs, d'être utile à mon pays natal, de seconder M. Lamarche, curé de Belmont, qui trouvera dans son zèle et dans le dévoûment de ses chers paroissiens les ressources plus que suffisantes pour réaliser ces projets, en tout ou en partie, s'ils sont jugés dignes d'approbation.

1° Parmi les objets employés au culte, il en est peu qui jouent un plus grand rôle, et dont l'importance soit mieux comprise, surtout dans les campagnes, que les cloches. Elles sont le complément naturel d'une église.

Malgré la belle qualité du son et le talent du sonneur, celles de Belmont se trouvent insuffisantes. Il y en a quatre. Les trois plus fortes ont été faites en 1811, avec la matière de trois mauvaises cloches qu'on avait fondues en 1801, et avec le métal précieux de celle de l'horloge placée en 1524 au tiers de la hauteur de la flèche, dans l'intérieur. Si notre mémoire est fidèle, elles donnent le *fa*, le *sol* et le *la*. La quatrième, qui donne le *ré*, placée au niveau de la toiture de l'église, avait pour unique mission d'annoncer l'heure des messes de la semaine. M. le Curé a eu récemment l'heureuse idée de la joindre à ses compagnes pour contribuer avec elles à l'harmonie générale.

Primitivement le clocher en possédait six. Quatorze, dont sept de volée et sept de fixes, y trouveraient facilement leur place sans nuire à l'installation d'un clavier parfaitement libre, pour deux ou plusieurs joueurs. La sonnerie serait ainsi en rapport avec le monument. Comme à Rouen et dans beaucoup d'autres villes, les musiciens belmontais se passionneraient pour cet instrument, se feraient gloire de le connaître, et demanderaient la faveur de se faire entendre alternativement. Une sonnerie de cette nature coûterait peu de frais, comme va le démontrer le tableau suivant, dans lequel, en regard du poids des cloches, nous mettons les tons qu'elles devraient donner pour une complète harmonie :

1º Tonique.........	1,300 kos	ré,	à 2f le kº.	2,600f
2º Deuxième majeure.	980 —	mi,	....	1,960
3º Troisième mineure.	660 —	fa,	....	1,320
4º Tierce majeure...	600 —	fa dièse,	....	1,200
5º Quarte..........	500 —	sol,	....	1,000
6º Quinte..........	375 —	la,	....	750
7º Sixte mineure.....	325 —	si bémol,	....	650
8º Sixte majeure.....	250 —	si,	....	500
9º Septième mineure.	200 —	ut,	....	400
10º Septième majeure.	175 —	ut dièse,	....	350
11º Octave	150 —	ré,	....	300
12º Neuvième ou 2e...	100 —	mi,	....	200
13º Tierce..........	75 —	fa,	....	150
14º Quarte..........	50 —	sol,	....	100

Total....... 5,740 kos à 2 fr.   Total......... 11,480f

Faux frais de beffroi, d'installation, etc.......... 3,000

Total général.................. 14,480f

Déduire le poids des cloches actuelles, 1,688 kos, à 2 fr. le kº, savoir..................................... 3,376

Reste pour toute dépense à faire................... 11,104f

2º La cloche est la voix du dehors; l'orgue, la voix du dedans. Belmont avait autrefois des orgues qui déroulaient des flots d'harmonie sous les voûtes sonores de son église. Brûlées par les hérétiques en 1583, elles réclament leur place restée vide et bien déterminée par l'arc ogival pratiqué dans le mur intérieur de façade, au-dessus de la porte d'entrée. Ce rétablissement aurait le double avan-

A reporter......................... 11,104f

Report............ 11,104ᶠ

tage d'orner l'église et de faire disparaître cet ignoble tambour toscan en pierre à plein cintre, élevé au commencement de ce siècle, contre toutes les règles de l'art. La dépense ne s'élèverait pas au-dessus de la somme de............ 12,000

3º Dans l'intérieur des chapelles on remarque des fenêtres murées semblables à celles de la nef. L'architecte se proposait évidemment de les ouvrir lorsque les ressources seraient suffisantes pour les orner de vitraux destinés à éviter une lumière trop éclatante, et à ménager ce demi-jour mystérieux qui invite au recueillement et rehausse la beauté des églises gothiques. Depuis quelque temps le digne curé de Belmont se propose de réaliser le but de l'architecte, et travaille à réunir les fonds suffisants. Les vitraux des huit chapelles figurant les litanies de la Sainte Vierge seraient, il me semble, en parfaite harmonie avec l'église dédiée à Notre-Dame, et coûteraient environ 500 fr. l'un, en tout............ 4,000

4º Remarquable par l'emploi extraordinaire de la peinture sur verre, le commencement du XVIᵉ siècle l'est aussi par l'usage des peintures murales. Comme nous l'avons déjà dit, les voûtes et le remplissage des murs du monument de Belmont sont malheureusement en maçonnerie de moellons irréguliers qu'on a dû recrépir au dedans et au dehors. De là, la triste nécessité de badigeonner l'intérieur. M. Boissonnade a fait ce travail avec le talent rare

A reporter............ 27,104ᶠ

Report............................ 27,104ᶠ

qui le distingue. On dissimulerait entièrement l'imperfection de l'œuvre, en passant sur les murs une couche de plâtre gris (on sait qu'il acquiert la dureté de la pierre) et en peignant l'église dans toute son étendue. S'alliant avec celles des vitraux, ces peintures des dernières années de l'époque ogivale produiraient un merveilleux effet. Nous croyons pouvoir affirmer que cette dépense n'excéderait pas 4,000 somme qui, ajoutée aux précédentes, porterait les frais à trente-un mille cent quatre francs, ci....... 31,104ᶠ

Secondant le zèle éclairé de M. le Curé et de sa Fabrique, les familles qui ont la jouissance des chapelles les mettraient en parfaite harmonie dans tous les détails avec le style ogival tertiaire. Alors Belmont pourrait se flatter d'avoir une église modèle sous tous les rapports. Le XIXe siècle aurait complété l'œuvre si admirable des premières années du XVIe.

Les sentiments religieux de la population belmontaise, son bien-être qui va toujours croissant, le zèle de l'administration locale, soit civile, soit ecclésiastique, l'intérêt tout particulier que Mgr Delalle porte aux monuments religieux et à Belmont, nous laissent la douce espérance que nos vœux seront accomplis.

CHAPITRE III.

Petit Séminaire de Belmont.

Le Petit Séminaire de Belmont date de 1760. M. l'abbé Robert, théologal de Belmont, natif de Combret, mort le 26 mars 1823, à l'âge de quatre-vingt-trois ans, en a été le fondateur. Il n'avait alors que vingt ans; mais l'intelligence et le mérite avaient en lui précédé le nombre des années. Connaissant son goût pour l'enseignement et sa capacité administrative, les chanoines du chapitre le prièrent instamment d'ouvrir une école pour les aspirants au sacerdoce. L'établissement était florissant, et le succès dépassait toutes les espérances, lorsque l'heure des grandes tribulations sonna.

La révolution de 93 éclate, ferme l'école, disperse les disciples, envoie le maître dans l'exil. Réfugié en Italie [1], M. Robert attend que la tourmente révolutionnaire ait fait son temps. Enfin la tempête s'apaise; Napoléon Ier autorise l'exercice du culte, et le malheureux exilé rentre dans sa patrie, revient à Belmont pour se remettre à son œuvre de prédilection. M. l'abbé Lasbordes de Pousthorny et M. Nazaire Menras (des Boulouysses) avaient tout récemment ouvert, dans cette localité, une école sur le pied de

---

[1] Dans le pays, un seul prêtre, Bousquet du Mas de Montet, prêta le serment constitutionnel. Nommé à la cure de Belmont, il quitta bientôt cette position insupportable. Le véritable curé de Belmont, M. Nicouleau, s'était exilé en Italie avec M. Robert. MM. Durand des Hermals et Calvairac s'étaient réfugiés en Espagne.

la sienne. Il fut facile à ces hommes de Dieu de s'entendre. Sous la direction de M. Robert, ils travaillèrent à l'œuvre commune.

Quelque temps après, M. l'abbé Castebou se joignit à eux ; et, avec ces maîtres d'un grand mérite, l'institution de Belmont marcha rapidement dans la voie du progrès et acquit une importance considérable. C'est alors qu'un coup terrible l'atteignit et la renversa. Un décret impérial du 15 novembre 1811 la supprima comme étant un Petit Séminaire qui ne formait des élèves que pour le sacerdoce.

Aussitôt, les habitants de Belmont adressèrent au Gouvernement la pétition suivante, que nous copions presque en entier, à cause des précieux détails historiques qu'elle renferme :

« *A Son Excellence Monseigneur le comte de Fontanes, sénateur, grand-maître de l'Université impériale.*

» La ville de Belmont possédait, depuis cinquante ans, un collége nombreux, formé par les soins d'un ecclésiastique respectable, M. Robert, qui le gouverne encore et qui y a consumé sa fortune.... Le collége de Belmont, unique dans son genre, se composait d'élèves tous externes, que les habitants, même les plus aisés, se faisaient un devoir de loger chez eux et de recevoir à leur table, mais qui, hors le temps des repas et du sommeil, étaient continuellement sous les yeux de leurs maîtres, tout à la fois régents des classes, préfets des salles d'étude et surveillants dans les lieux de récréation.

» La ville de Belmont, située à l'extrémité de la chaîne des hauteurs qui sépare le département du Tarn de celui de l'Aveyron, offrait une retraite précieuse à la jeunesse studieuse, douce et spirituelle de ces montagnes, éloignée de toute autre ville, et qui, par une disposition commune à tous les habitants des montagnes, languit et se déplaît loin de ses foyers.

» Cette jeunesse recevait dans le collége de Belmont une éducation forte et sévère, une instruction solide; et cette ville, dont l'esprit est excellent et la conduite héroïque pendant les temps difficiles, où la vie est frugale, les mœurs simples, les plaisirs innocents, et les habitudes toutes dirigées vers l'agriculture, n'offre aux jeunes gens rien qui puisse les distraire de leurs études, ou contrarier l'excellente éducation qu'on leur donnait; et l'on peut dire que, si les habitants profitaient des leçons qu'ils recevaient de cette jeunesse soumise à une exacte discipline, de leur côté, ils ne présentaient que de bons exemples.

» Ce collége avait pris, dans les derniers temps, l'apparence d'un Petit Séminaire; mais en réalité il se composait, pour la plus grande partie, d'enfants que leur position personnelle autant que les vues de leurs parents éloignaient de l'état ecclésiastique, et qui n'en portaient point l'habit. Mais il est sorti de ce collége des sujets pour tous les états, surtout pour la jurisprudence, la médecine et l'instruction publique. Le collége de Saint-Affrique est même une de ses colonies.

» Les magistrats de la ville de Belmont peuvent invoquer à l'appui de tous ces faits le témoignage de MM. les Inspecteurs généraux et particuliers de l'Université impériale de l'Académie de Montpellier, et notamment celui de leur compatriote, M. de Bonald, conseiller titulaire, qui connaît personnellement les directeurs de ce collége et qui en a suivi tous les détails.

» Ainsi, Monseigneur, la suppression de cet établissement, comme Petit Séminaire, a plongé dans la douleur la ville de Belmont et les communes environnantes, qui se voient privées à la fois et de ressources pour l'aisance des habitants, et des secours pour l'éducation de leurs enfants.

» La ville de Belmont vous demande donc, Monseigneur, avec ardeur, le rétablissement de son collége ; elle l'attend de votre humanité, de votre zèle pour les bonnes études; et il ne sera pas dit que cet établissement, formé momentanément dans des temps de terreur et d'ignorance, soit anéanti sous le règne d'un prince qui protége les lettres, et par les ordres d'un chef qui les a cultivées avec tant de succès. »

Cette demande ayant été favorablement accueillie, un arrêté ministériel du 23 septembre 1812 érigeait l'établissement de Belmont en *institution secondaire*, sous la direction de M. Robert.

Comme par le passé, tous les élèves étaient externes. Privés d'un centre de réunion, les professeurs distribuaient l'enseignement dans leurs habitations respectives. Mais, en 1816, époque mémorable pour les Belmontais, la Providence daigna remédier à ce grave inconvénient. Un membre de l'honorable famille des Cabanes de Belmont (dont le père, docteur en médecine, a été successivement maire et juge de paix dans cette localité), le prieur de Cabanes choisit en mourant, pour son héritier, M. l'abbé Castelbou, et lui donna une somme suffisante pour l'acquisition d'un établissement propre à un Petit Séminaire. Un seul bâtiment offrait cet avantage : on l'appelait le Château. Situé à l'extrémité de la ville, du côté de l'est, et contigu à l'église, avec laquelle il avait des portes de communication, ce château avait appartenu à l'ancien chapitre.

Aliéné pendant la Révolution, vendu à l'encan à Saint-Affrique le 3 juillet 1791, il était devenu la propriété d'Antoine *Bonisset* et de Paul *Cabanes*, de la rue de l'Église. *Le 30 août 1816, M. J.-P. Castelbou, prêtre directeur du Petit Séminaire de Belmont, l'acheta au moyen de 4,500 fr.* Il comprenait à peine le quart du vaste établissement qui existe aujourd'hui. Dans le courant de la même année, M. Castan père, alors maire, fut autorisé à concéder, pour le Petit Séminaire, les *cloîtres, bâtiments* et *patus* de la commune. Au-dessus de ces cloîtres, parfaitement voûtés, se trouve aujourd'hui la gracieuse chapelle de l'établissement, qui remplace une vaste salle qu'on y voyait alors.

En 1816, l'institution abandonna le nom d'*École secondaire,* et prit, selon les vœux de l'évêque de Cahors, le titre de *Petit Séminaire*, où furent admis indistinctement des élèves internes et externes. Ils arrivèrent nombreux de toute la contrée, des départements voisins, et surtout du Languedoc. L'on en comptait plus de trois cents dans les dernières années de la Restauration et les premières du Gouvernement de Juillet. Cette affluence avait sans doute son principe dans la réputation bien méritée de l'établissement; mais elle venait surtout de l'absence d'institutions analogues dans les environs. Il s'en forma peu à peu dans le Languedoc, et le nombre des élèves diminua insensiblement.

Durant toute la période de 1824 à 1836, l'établissement eut toutes les allures d'un collége; il y avait beaucoup de professeurs laïques, et la plupart des élèves ne se destinaient pas au sacerdoce.

M. Lasbordes se trouva supérieur de 1824 à 1836. L'âge et les infirmités avaient déterminé M. l'abbé Robert à se démettre de ses fonctions, en 1816, en faveur de M. l'abbé

Castelbou, qui, en mourant, les confia lui-même, le 22 septembre 1824, à M. Lasbordes, par un testament olographe dont la haute importance réclame une place dans cette Notice. Nous le transcrivons en grande partie : « ... Je lègue à M. Jacques Lasbordes, prêtre, professeur au Petit Séminaire de Belmont, le séminaire avec ses charges....... Je désire que M. Lasbordes, héritier du Petit Séminaire que j'ai fait construire pour le bien de la religion et de l'État, soutienne et perfectionne l'œuvre que j'ai commencée et que les circonstances ne m'ont pas permis de compléter au gré de mes désirs ; je désire qu'il le mette à la disposition de Mgr l'Évêque de Rodez [1], lorsqu'il sera en possession de son siége ; et, si Mgr l'Évêque daigne l'approuver et le protéger comme son Petit Séminaire, je charge mes héritiers d'ajouter au prix du mobilier, etc., d'autres effets ou des sommes d'argent, à leur choix, pour compléter la somme de 30,000 fr., que je donne pour le bien du Petit Séminaire. Ce legs sera employé selon la volonté de Monseigneur, sur la représentation de M. Lasbordes, qui doit, après ma mort, accepter ma place, ou pour des bourses, ou pour des réparations, ou pour acheter un domaine.... »

En 1836, M. l'abbé Lasbordes, nommé chanoine titulaire à Rodez, eut pour successeur M. l'abbé Peyre-Valéry, que Mgr Giraud choisit pour la réorganisation de l'établis-

---

[1] Supprimé en 1801 et réuni à celui de Cahors, l'évêché de Rodez fut rétabli en 1817. Mais, à cause des obstacles suscités contre le concordat de 1817, la prise de possession par M. de Raymond-Lalande, nommé en 1817, n'eut lieu qu'en 1823. Mgr Giraud lui succéda de 1830 à 1841. Sa Grandeur eut pour successeur Mgr Croisier. A la mort de Mgr Croisier, un décret du 30 août 1855 plaça sur le siége épiscopal de Rodez Mgr Delalle, qui laissera dans l'Aveyron un parfum de science et de vertu à jamais impérissable.

sement. L'établissement devint alors véritablement un Petit Séminaire.

La discipline fut plus sévère, la piété mieux entretenue, l'enseignement plus sérieux; dans l'intérêt de la religion et des études, on visa, dès cette époque, à la suppression des externes.

Sous cette administration essentiellement économe, qui ne travaillait pas à s'étendre, à se développer, le Petit Séminaire eut des moments critiques, des jours de lutte terrible contre des adversaires puissants et redoutables, qui demandaient sa suppression, sa mort (1850). Mais il triompha pleinement par la force de ses droits incontestables, que surent faire valoir, avec le talent et le zèle qui les distinguent, les représentants civils et religieux de Belmont.

Désormais il est à l'abri du danger, sous la tutelle du prélat *puissant en paroles et en œuvres*. Grâce à Mgr Delalle, qui le comble de bienfaits; grâce à MM. les abbés Sabathier, dont l'un est vicaire général de Rodez, et l'autre directeur du Petit Séminaire de Belmont; grâce à MM. Paul Rols, juge de paix et membre du Conseil général; Martin Fraissinet, maire; Lamarche, curé de Belmont; grâce surtout au supérieur actuel, M. l'abbé Plégat, l'un des prêtres les plus distingués du clergé aveyronnais si distingué lui-même, le Petit Séminaire de Belmont est entré dans la phase la plus heureuse de son existence.

Agrandi sous M. Peyre-Valéry, cet établissement l'a été surtout par M. Plégat[1]. Cet administrateur, aussi éminent que

---

[1] En 1850, M. l'abbé Peyre-Valéry ayant été nommé chanoine titulaire de Rodez, M. l'abbé Plégat fut supérieur du Petit Séminaire à la rentrée des classes.

modeste, l'a presque remanié de fond en comble, et considérablement développé ; mais plus la maison se dilate, plus les élèves qui abondent nécessitent une plus grande extension. Tous les ans, M. Plégat, manquant d'espace, a le regret de refuser des élèves. Ils sont aujourd'hui cent quatre-vingts, tous internes. (Un principe de haute sagesse, que M. le Supérieur a fini par faire prévaloir, n'admet pas d'externes.)

En écrivant ces lignes, nous avons le bonheur d'apprendre que, mettant le comble à ses bienfaits, Mgr Delalle vient d'envoyer à Belmont un architecte pour dresser le plan de l'établissement et le mettre en état, par des travaux considérables, de recevoir jusqu'à trois cents élèves. Déjà les ouvriers sont à l'œuvre, et le projet sera bientôt réalisé.

Quelle immense faveur, à laquelle, nous aimons à le penser, M. l'abbé Sabathier, vicaire général, ancien élève de Belmont, n'est point étranger ! Qu'il nous soit permis de déposer aux pieds de Monseigneur l'expression de la profonde reconnaissance de tous les Belmontais. Ce nouvel acte de générosité place désormais Mgr de Rodez au premier rang des bienfaiteurs de l'établissement. Hâtons-nous de dire que cet insigne bienfait ne sera pas perdu.

En effet, le Petit Séminaire de Belmont peut être regardé comme un modèle sous tous les rapports. M. l'abbé Plégat réunit dans un haut degré les qualités d'un supérieur : professeurs et élèves, tous le respectent et l'aiment comme un père. Providence visible de la contrée, bienveillant pour tout le monde, ceux qui ont l'avantage de le connaître le vénèrent, et quelques-uns même ont pour lui une espèce de culte, n'en déplaise à sa modestie, qui est aussi grande que son mérite. Les professeurs, tous ecclésiastiques, reflètent ses éminentes qualités : instruits, dévoués aux élèves, à l'enseignement, s'ils quittent l'établissement, ce n'est qu'à regret et après de longues années de professorat.

Le simple exposé de ces principes permet de comprendre facilement quels élèves sont formés par un tel supérieur et par de tels maîtres. L'*éducation* et l'*instruction* ne laissent rien à désirer. La santé des enfants est l'objet d'une sollicitude constante, et *des Sœurs*, comme autant de mères, leur prodiguent leurs soins. C'est surtout la religion, par laquelle l'homme doit commencer, continuer et finir sa carrière, qui est en honneur dans la maison ; et le Petit Séminaire est comme une pépinière de prêtres, d'excellents prêtres. Nous devions cet hommage à la vérité.

Indépendamment du séminaire, Belmont possède deux établissements dus principalement aux largesses de M. Balthazar Roque, de Toulouse, ce grand bienfaiteur de son pays natal.

1° Par acte du 30 septembre 1836, M. et Mme Roque mettent quatre Sœurs de Saint-Vincent-de-Paul, avec un revenu de 1,800 fr., en possession d'une belle maison pourvue d'une pharmacie, à condition qu'elles visiteront les malades et tiendront une école gratuite pour les jeunes filles de la paroisse.

2° Le 5 novembre 1847, Mme Marie Roque cède gratuitement à la commune une habitation très-commode pour une école catholique. Les habitants s'imposent aussitôt des sacrifices, et, par les soins de M. Mouls, maire, trois Frères de Sainte-Marie de Bordeaux fondent à Belmont une école primaire.

Ces deux établissements, très-avantageux, rendront à jamais la mémoire de M. et de Mme Roque chère au cœur de tous les Belmontais.

CHAPITRE IV.

Notre-Dame de Sériguet (ou Siriguet) [1].

Dans cette Notice historique, il ne nous est pas permis de garder le silence sur Notre-Dame de Sériguet (ou Siriguet), dont le pèlerinage plus que séculaire est en grand honneur chez les Belmontais.

Au travail que nous avons publié en 1858, et dans lequel nous avons pris à tâche d'expliquer une légende pleine d'obscurité et d'invraisemblance, nous allons emprunter uniquement ce que comporte le cercle restreint de cette Notice dans le domaine de l'histoire.

Bâtie sur le plateau de la colline sur les flancs de laquelle repose presque toute la ville de Belmont, Notre-Dame de Sériguet se recommande *par son site, son origine, et la dévotion des fidèles.*

I. Derrière l'abside du sanctuaire vénéré, s'élève en pente douce une colline couverte de vignobles et d'arbres fruitiers, qui va se perdre dans le lointain et former les montagnes sévères de Saint-Vincent et de Mounès.

A droite, le terrain s'incline comme pour donner la vue d'un gracieux coteau que couronnent de vieux chênes, pendant que sur son versant la vigne est rangée en amphithéâtre. Entre ces deux plans inclinés, le ruisseau du

---

[1] Il nous a été impossible de découvrir l'origine et la raison de ce mot.

Petit Séminaire a un lit profond de rochers ; presque à sec en été, il devient un torrent en hiver.

A gauche, c'est un ravin large et profond. Enfermée entre deux collines, la rivière de Belmont, qu'entravent dans sa marche les rocs et les chaussées, forme des cascades et fait entendre le murmure de ses eaux.

Mais le plus beau coup d'œil est du côté de l'ouest, dans la direction de la ville. Ici, l'horizon présente une vaste étendue très-accidentée. C'est d'abord l'église et le clocher de Belmont. La flèche élégante et hardie du monument semble sortir des entrailles de la colline pour la dominer et servir d'ornement au sanctuaire de Notre-Dame de Sériguet. Viennent ensuite une foule de mamelons inégaux ou superposés, ici arides, là cultivés. Plus loin, aux dernières limites de l'horizon, une touffe d'arbres séculaires annonce *Montfranc,* village bâti sur un des plus hauts plateaux de l'Aveyron, à neuf cents mètres au-dessus du niveau de la mer. *Montfranc* fut choisi, l'an VII de la République française, par M. *Méchain,* pour l'emplacement d'un signal sur lequel s'appuient les triangles qui ont servi à mesurer l'arc du méridien terrestre. A gauche, mais sur le même plan, l'œil étonné découvre, sur la crête de montagnes désolées, d'énormes rochers grisâtres qui s'élèvent à pic, semblables à des forteresses établies de distance en distance, sur une longueur d'environ trois kilomètres. En les voyant, on se rappelle tout naturellement les guerres des géants de la fable. C'est *Roquecésière (Rupes Cæsarea),* célèbre par ses souvenirs historiques : le fameux conquérant des Gaules, Jules César, y séjourna, y établit un poste militaire important pour s'assurer la domination du pays.

II. Le site de Notre-Dame de Sériguet est pittoresque, mais la chapelle est simple et bien modeste. Bâtie en moellon recrépi, elle n'a de pierre de taille qu'aux ouvertures. Mesurée à l'extérieur, elle a dix mètres de long sur six de large et cinq d'élévation. Elle est composée de trois parties bien distinctes : le *péristyle* ou porche, la *nef*, et le *sanctuaire*.

Une charpente ordinaire, recouverte en large tuile ou ardoise grise du pays, supportée par quatre colonnes de pierre de taille, est adossée à la façade de l'édifice pour la protéger, et forme le *péristyle*. La porte d'entrée accuse bien nettement le style ogival tertiaire à nervures prismatiques. Les deux fenêtres de la nef annoncent la même époque, celle de l'église de Belmont (XVIe siècle). L'intérieur offre comme l'extérieur une grande simplicité. Dès le seuil de la porte, l'archéologue est frappé de la différence des styles : tandis que la nef appartient à l'époque ogivale, le sanctuaire révèle des temps postérieurs ; il a dû être bâti ou plutôt rebâti au XVIIe siècle (1620). L'arc triomphal est un plein-cintre, et les deux petites lucarnes du sanctuaire représentent un carré long. Les deux voûtes sont en pierre et semblables : quatre arêtes portant des angles sans colonnes d'appui, ni consoles, opèrent leur jonction au centre, et l'on ne voit ni écussons ni cul-de-lampe. L'intérieur de l'édifice est badigeonné à la chaux blanche. Au fond du sanctuaire (ou abside), adossé contre le mur, entouré de peintures murales de ces derniers temps, est dressé un autel de bois, au-dessus duquel se trouve une niche pratiquée dans le mur, peinte couleur d'azur parsemé d'étoiles. Dans cette niche repose une statue de la Vierge-Mère en plâtre. La véritable statue de Notre-Dame de Sériguet, en bois de noyer, toute dorée, mais vieillie par le temps, a été reléguée, il y a plusieurs années, dans la tribune de l'église de Belmont. Elle a 1m 15 de hauteur.

La Vierge-Mère est représentée debout, tenant dans sa gauche Jésus enfant, qui porte dans une main le globe terrestre. Sur la tête de la Mère de Dieu se trouve un diadème orné de fleurs de lis. Elle est enveloppée dans un manteau d'or. Les cheveux bouclés de la Vierge et de l'Enfant divin, tombant sur les épaules en mille plis ondoyants, sont remarquables. La pose, le regard, les détails de la statue accusent le XVIe siècle.

III. Arrivons à la question d'origine. Sous le tombeau de l'autel on découvrit, il y a plusieurs années, une large pierre tumulaire en grès rouge, ayant 1m 60 de long sur 1m de large et 0m 20 d'épaisseur. Elle portait, gravée en relief, une longue inscription en caractères de la fin du XVIe siècle, entourée d'armoiries et de signes travaillés avec art, mais défigurés par le temps.

On la mit debout contre le mur intérieur de la chapelle, à gauche en entrant, où elle est encore aujourd'hui, et se trouve l'objet de l'avide curiosité des amateurs d'antiquités. La légende est conçue en ces termes :

I✝H CRIST : *père et fils se vouèrent tous deux pénitents blancs. Son saint nom ils portent. Vous qui passez en ce lieu, par pitié priez Dieu pour eux qui en vivant Bonneval se nommèrent, et étant morts en bons et vaillants se témoignèrent. Le fils, doué d'un cœur généreux, se jeta à corps perdu au combat, pour assister à son père, où il fut massacré pour le service de Dieu et du roi, âgé de vingt-un ans, le troisième dimanche du mois de septembre.*

1620

Au-dessus et au-dessous de l'inscription se trouvent des emblèmes, des armoiries.

Vers le milieu de la partie supérieure est gravée en relief, comme tout le reste, une croix ayant, à droite et à gauche, une couronne qui reçoit au centre ces initiales : $_M^{IHS}$. Deux branches de laurier encadrent la couronne de gauche ; celle de droite n'a rien de caractéristique, c'est une simple couronne.

Dans la partie inférieure de la pierre, on remarque d'abord les armes de la famille *Bonneval*, à gauche, surmontées du disque de la lune, en signe de deuil, et, à droite, celles de *Montau* ; les noms y sont gravés. Au-dessous de ces armes, deux lions se trouvent en présence dans une attitude menaçante.

Que signifie cette inscription dans cette chapelle? Jette-t-elle quelque lumière sur l'origine de ce sanctuaire?

Aux jours de notre enfance, des vieillards nous disaient souvent que Notre-Dame de Sériguet était une chapelle expiatoire bâtie à la suite d'un duel. Profondément gravée dans notre mémoire d'adolescent, cette légende était cause qu'en visitant ces lieux, notre imagination errait au milieu des fantômes, du cliquetis des armes et des horreurs d'un combat singulier.

Qu'y a-t-il de vrai dans cette légende populaire? Toutes nos études sur son origine n'ont pu aboutir à lui donner d'autre fondement que celui-ci : Sur la pierre tumulaire, au milieu de signes, d'armoiries, d'inscriptions difficiles à lire et à interpréter, on a remarqué deux lions aux allures guerrières. De là l'idée d'un duel et d'une chapelle expiatoire. Telle doit être l'origine de la légende, origine bien nébuleuse et qui n'inspire aucune confiance.

Notre-Dame de Sériguet, comme tant d'autres, de cette époque surtout, est simplement une chapelle de dévotion. Elle date au moins de 1620, car il n'est pas probable que l'inscription soit antérieure à l'édifice. Dans ce cas, il est possible que *Montau*, parent ou ami des *Bonneval*, l'ait élevé en leur mémoire pour y déposer les cendres de ce père et de ce fils *qui en vivant Bonneval se nommèrent, et étant morts en bons et vaillants se témoignèrent.*

Mais l'inscription est, selon nous, probablement postérieure à la chapelle, qui, par le style ogival tertiaire de la nef, remonte au commencement du XVIe siècle.

L'abside, c'est-à-dire le sanctuaire, aura été fait ou refait un siècle plus tard, en 1620, par les parents ou amis des Bonneval, qui auront placé sous l'autel la pierre tumulaire en question.

Quoi qu'il en soit, l'inscription n'indique aucun grand personnage. Ni Bonneval, ni Montau n'appartenaient à des familles considérables. Leurs armes ne révèlent aucun titre de duc, de comte ou même de baron. Ce sont évidemment des armes de famille et de fantaisie. Les deux lions placés au-dessous d'elles sont peut-être un caprice du sculpteur ; peut-être indiquent-ils des familles de militaires. Les trois dessins au-dessus de l'inscription sont uniquement des sujets de fantaisie.

Notre-Dame de Sériguet nous paraît donc une chapelle de dévotion dont l'origine ne se rattache à aucun fait, à aucun personnage bien remarquables.

IV. Comment expliquer la dévotion des Belmontais ? C'est le secret du ciel. Il a plu à Dieu de glorifier ce sanctuaire, d'accorder des faveurs signalées sous l'invocation de Notre-Dame de Sériguet. De là l'origine et les progrès de ce pèlerinage, que les curés de Belmont ont toujours favorisé [1].

---

[1] Voici la liste des curés de Belmont depuis un siècle :
L'abbé Cabanes, de 1752 à 1758 ; l'abbé Bousquet, de 1758 à 1762 ;

Les vieillards de nos jours racontent qu'avant 93, les fidèles avaient une grande confiance en Notre-Dame de Sériguet, où ils allaient souvent prier en temps de guerre, de peste ou de famine, dans les calamités publiques et privées; que le fondateur du Petit Séminaire de Belmont se distinguait par son culte pour Notre-Dame; qu'il la visitait souvent, tantôt seul, tantôt avec ses élèves; que, sous la Terreur, l'abbé *Sèbe,* de *Gissac,* y célébra les divins mystères; qu'à son retour de l'exil, M. Robert plaça de nouveau sa communauté renaissante sous les auspices de Notre-Dame; qu'il fit ériger un chemin de croix dans la chapelle où il aimait à faire le catéchisme, à donner des instructions à ses élèves; qu'à son exemple, MM. Castelbou et Lasbordes, ses successeurs, avaient une grande dévotion à Notre-Dame de Sériguet, et trouvaient dans les Belmontais de fidèles imitateurs.

Qu'il nous soit permis de citer quelques faits justificatifs de ce culte :

Une longue et cruelle maladie avait conduit, en 1827,

l'abbé Pascal, de 1762 à 1767; Nicouleau, de 1767 à 1788; l'abbé Nicouleau neveu, de 1788 à 1831; l'abbé Devic, de 1831 à 1853; l'abbé Lamarche, chanoine honoraire, nommé curé de Belmont en 1853.

Qu'il nous soit permis d'ajouter à cette liste celle des maires et des juges de paix :

Maires. — MM. Louis Millau, de 1800 à 1802; de Cambiaire, de 1802 à 1804; Louis Millau, de 1804 à 1810; Castan, de 1810 à 1822; Cabanes, de 1822 à 1830; P. Rols, de 1830 à 1840; Mouls, de 1840 à 1849; Fraissinet, de 1849 à......

Juges de paix. — MM. Cabanes, conseiller honoraire du roi et son juge de Roquecésière, etc., de 1745 à 1791; Lacazin, de 1791 à 1794; Roques, de 1794 à 1795; de Cambiaire, de 1795 à 1797; Cabanes, de 1797 à 1800; Cardenac, de 1800 à 1815; Faliès, de 1815 à 1830; Cabanes, de 1830 à 1840; P. Rols, de 1840 à......

aux portes du tombeau un enfant de cinq ans, appartenant à une famille honorable de la ville. Toutes les ressources de l'art étaient épuisées, et le médecin, M. Cabanes, avait ouvertement condamné le malade. Une crise survient : « C'est la dernière, » dit aussitôt M. Cabanes en se retirant affligé. L'enfant ne donne aucun signe de vie. Le père et la mère, désolés, l'embrassent, lui disent un dernier adieu, et quittent l'appartement en fondant en larmes, comme tous les spectateurs de cette scène déchirante.

La triste nouvelle vole de bouche en bouche dans le voisinage, et le son des cloches va l'annoncer à tout le pays. Brûlant du désir de voir son fils une dernière fois, le père s'arrache aux sollicitations des amis qui l'entourent, et pénètre jusqu'auprès de son enfant, resté seul. Il l'embrasse avec une indicible effusion. O surprise !... il respire encore !... il murmure quelques mots !... il avale quelques gouttes d'eau fraîche de la fontaine... il est guéri. Il vit encore ; il est prêtre ; et, comme les pieux Belmontais, il aime à publier le miracle de sa guérison et les noms des pieuses personnes qui prièrent pour lui.

Le voyant à toute extrémité, deux âmes d'une vertu consommée, Mlles de Matha et de Nogayrolles, firent une neuvaine à Notre-Dame de Sériguet, et obtinrent la conservation de ses jours.

En 1854, deux fléaux s'abattirent à la fois sur la paroisse de Belmont. Le 16 juin, une horrible grêle emporta toutes les récoltes, et jeta la consternation, le deuil et la misère dans cette localité. Deux mois après, le choléra, y faisant sa première apparition, entassait victimes sur victimes. Les pieux fidèles invoquèrent alors Notre-Dame de Sériguet, dont la vieille statue se trouvait, depuis quelques années, reléguée dans la chambre de l'horloge, au clocher.

Arrachée à l'oubli, la sainte image fut exposée aux regards des fidèles sur le piédestal de la croix *du pont du Barri :* le fléau, tous les habitants en ont fait la remarque, épargna ce quartier.

Le pèlerinage de Notre-Dame de Sériguet brille, dans ces derniers temps, d'un éclat tout nouveau par la création d'une société de *Filles de la Persévérance,* due à l'heureuse initiative de MM. Devic, ancien curé, et Cassan, vicaire de Belmont. Le dimanche, après les vêpres, les nombreuses associées se réunissent dans la modeste chapelle qu'elles ont restaurée avec soin, y prient en commun, chantent les gloires de Marie, entendent la parole de Dieu.

Puisse la dévotion des Belmontais envers Notre-Dame persévérer toujours ! Puisse-t-elle prendre un essor de plus en plus grand ! Puisse-t-elle attirer sur mon pays natal toutes les faveurs de la terre et du ciel ! C'est le vœu le plus doux de mon cœur et par lequel je suis heureux de terminer cette courte Notice.

FIN.

TABLE DES MATIÈRES

	Pag.
CHAPITRE 1er. — Belmont, son Monastère et son Chapitre. (De 942 à 1515.)	7
— II. — Église et Clocher de Belmont	18
Dégradations éprouvées par l'église à diverses époques	28
Réparations exécutées en 1845	30
Restaurations proposées	31
— III. — Petit Séminaire de Belmont	36
— IV. — Notre-Dame de Sériguet (ou Siriguet)	45

www.ingramcontent.com/pod-product-compliance
Lightning Source LLC
LaVergne TN
LVHW021736080426
835510LV00010B/1276